Pour Joe, Leo & Magriet, avec tout notre amour.

Traduction de l'anglais par Benjamin Kuntzer

Titre original : *Thank you, Jackson*

First published in Great Britain and in the USA in 2015
by Frances Lincoln Children's Books, 74-77 White Lion Street, London N1 9PF

ISBN : 978-2-87833-753-2
Imprimé en Chine
Dépôt légal : mars 2015
Loi n° 49-956 du 16 juillet 1949
sur les publications destinées à la jeunesse

Merci, Martin !

Comment les mots magiques peuvent régler bien des problèmes.

Niki et Jude Daly

ALBUMS
circonflexe

Il était une fois un fermier dont la femme s'appelait Eva, le fils Aimé et le vieil âne Martin.

Chaque jour de marché, le fermier chargeait maïs, pommes de terre, carottes
et citrouilles sur le dos robuste de sa vieille bourrique et lui faisait grimper la colline.
Et Martin grimpait la colline, sans se plaindre ni se reposer.

Et puis, un matin, le vieil âne
décida de s'arrêter à mi-chemin
et refusa de reprendre la route.

« Que se passe-t-il ? »
lui demanda le fermier.
Mais comme les ânes ne peuvent
pas parler, le fermier n'obtint
aucune réponse.

Agacé, il entreprit de le pousser
en criant : « Allez ! Allez ! »

Mais Martin ne voulait pas.

Le fermier essaya alors
de tirer l'âne par la bride.

« Viens ! Viens ! » implora-t-il,
craignant de perdre des clients
s'il arrivait trop tard au marché.

Pourtant, Martin s'entêtait
à ne pas bouger.

La pauvre bête en avait assez
de sa tâche ingrate, de grimper
la colline avec un lourd fardeau,
année après année, pour
rejoindre le marché.

« Méchant âne ! » s'écria le fermier.

Sur ce, Martin s'assit – et les légumes dégringolèrent de son dos et roulèrent en contrebas.

Furieux, le fermier se mit à chercher un bâton pour battre l'animal obstiné.

« Je vais compter jusqu'à dix, et si tu refuses toujours de te lever, je te ferai goûter de ça ! » le gronda le fermier, en lui montrant la branche qu'il avait ramassée.

Puis il se mit à compter…

« Un…

deux…

trois…

quatre… cinq…

six…

sept… »

En bas de la colline, Eva, la femme du fermier, avait assisté à toute la scène. Elle appela son fils, Aimé.

« S'il te plaît, lui dit-elle, veux-tu bien aller aider ton père avec Martin ? »
« Oui, Maman », répondit Aimé.
« Merci, mon fils », dit sa maman.

Le petit garçon partit directement rejoindre son papa.

« Huit… neuf… »

Le fermier continuait de compter.

Mais les ânes ne sachant pas compter, Martin ne comprenait pas ce que cela signifiait.

À dix, le fermier brandit son bâton. Il allait l'abattre quand le petit garçon s'écria :
« Papa ! S'il te plaît, ne tape pas Martin ! »

Le vieil âne était heureux
de voir Aimé.

Lentement, le fermier abaissa
son bras et regarda son fils
murmurer quelque chose
à l'oreille de Martin.

Immédiatement, le vieil âne
se remit debout.

Le fermier était stupéfait.

« Qu'as-tu dit à ce paresseux borné pour qu'il accepte de lever son gros derrière ? » demanda-t-il.

« Maman dit toujours, expliqua Aimé, que ce sont les petits mots magiques, comme *s'il te plaît* et *merci*, qui font avancer les choses dans le monde. »

Honteux, le fermier
laissa tomber son bâton.
Jamais il n'avait remercié
son vieil âne pour
ces nombreuses années
passées à transporter
de lourds chargements
jusqu'au marché.

Sans un mot,
ils rassemblèrent
les légumes, en chargèrent
quelques-uns sur le dos
de Martin et portèrent
eux-mêmes les autres.

Au marché, ils étalèrent
leur maïs, leurs pommes de terre,
leurs carottes et leurs citrouilles
à l'ombre d'un arbre, tandis
que le vieil âne fatigué allait paître
quelques touffes d'herbes voisines.

À la fin de la journée, tous les légumes
avaient été vendus et le fermier,
son petit garçon et son vieil âne
reprirent le chemin de la maison.

Quand ils arrivèrent à la ferme, Eva avait déjà préparé le souper.
« Mais d'abord, dit le fermier, j'ai quelque chose à dire à Martin. »

Il se tourna vers son vieil âne, le caressa tendrement et lui chuchota à l'oreille :
« Merci, Martin. »